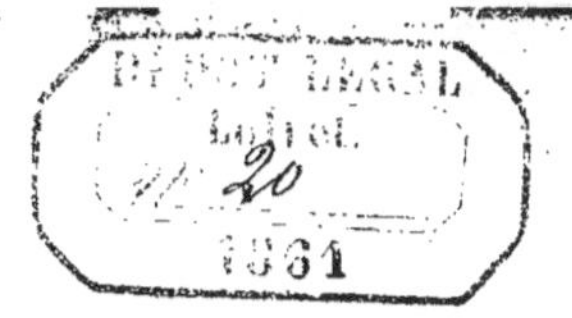

INSTRUCTION PASTORALE

DE MONSEIGNEUR L'ÉVÊQUE D'ORLÉANS,

SUR LA

RECONNAISSANCE QUE L'EUROPE DOIT AU CHRISTIANISME,

ET

MANDEMENT POUR LE CARÊME DE 1861.

FÉLIX-ANTOINE-PHILIBERT DUPANLOUP, par la miséricorde divine et la grâce du Saint-Siége apostolique, Évêque d'Orléans, Assistant au Trône pontifical ;

Au Clergé et aux Fidèles de notre Diocèse, salut et bénédiction en Notre-Seigneur Jésus-Christ.

Voici la carrière solennelle de la pénitence et de la prédication chrétienne qui de nouveau s'ouvre devant vous, N. T.-C. F. Permettez qu'au commencement de ces grands et saints jours, je vienne vous entretenir d'un sujet du plus haut intérêt, qui vous fera comprendre, mieux que vous ne l'avez peut-être fait jusqu'à présent, le prix de

INSTRUCTION PASTORALE

DE MONSEIGNEUR L'ÉVEQUE D'ORLÉANS,

SUR LA

RECONNAISSANCE QUE L'EUROPE DOIT AU CHRISTIANISME,

ET

MANDEMENT POUR LE CARÊME DE 1861.

Félix-Antoine-Philibert DUPANLOUP, par la miséricorde divine et la grâce du Saint-Siége apostolique, Évêque d'Orléans, Assistant au Trône pontifical;

Au Clergé et aux Fidèles de notre Diocèse, salut et bénédiction en Notre-Seigneur Jésus-Christ.

Voici la carrière solennelle de la pénitence et de la prédication chrétienne qui de nouveau s'ouvre devant vous, N. T.-C. F. Permettez qu'au commencement de ces grands et saints jours, je vienne vous entretenir d'un sujet du plus haut intérêt, qui vous fera comprendre, mieux que vous ne l'avez peut-être fait jusqu'à présent, le prix de votre foi, le bonheur que vous avez d'être chrétiens, et l'obligation où vous êtes d'en témoigner votre reconnaissance à Dieu, et d'en rendre gloire à Jésus-Christ, son Fils, notre Seigneur. Vous comprendrez mieux aussi par là, je l'espère, la nécessité de soutenir votre religion par des vertus qui l'honorent, et d'offrir enfin au Christianisme les vrais hommages qu'il vous demande, et qui lui sont dus pour tant de bienfaits dont nous jouissons trop souvent avec une étrange indifférence, quelquefois même avec une superbe ingratitude.

De récents événements, glorieux pour la France, — je veux parler des victoires remportées naguère par nos armes aux extrémités de l'Orient, et du dernier traité de paix fait avec la Chine, — attirent de nouveau mon esprit vers ces pensées. Il m'a paru qu'il y avait là pour les cœurs pieux, et en même temps pour les esprits les plus élevés et les plus graves, un digne sujet de méditation, et que vous y trouveriez tous une nouvelle et vive lumière qui éclairerait utilement vos âmes, et vous ferait bénir une fois de plus la divine religion de Jésus-Christ, Sauveur, Rédempteur, et seul vrai Civilisateur du monde.

J'ai trouvé à la fois dans un même sujet l'occasion de remercier Dieu, de louer la France, et de prêcher la foi. Toutes les inclinations de mon cœur s'unissaient donc pour imposer ce sujet à mon choix. S'il vous paraît que je suis allé le chercher bien loin, et que je semble fuir jusqu'en Chine le spectacle que les périls du Saint-Siége et la triste Italie nous présentent à l'heure qu'il est, je ne m'en défendrai pas, et je vous répondrai que je le fais à dessein, et que je serais heureux si je pouvais en effet, pour quelques moments du moins, fuir et vous transporter avec moi jusqu'aux extrémités du monde, loin de nos douleurs et de nos alarmes, pour vous édifier, vous consoler, et vous parler librement des intérêts de l'Église, sans causer d'ombrage à personne.

I.

Il y a bientôt deux ans, le 21 septembre 1859, je vous demandais de prier Dieu et de le remercier, à la suite des premiers succès de nos armes et de nos négociations en Orient : après la prise de Canton (en 1857), le traité de Tien-Tsin (27 juin 1858), le traité avec le Japon (9 octobre de la même année), les victoires de nos soldats et de nos marins en Cochinchine (en 1859).

A cette époque, le Saint-Père, consolé par ces lointains événements, appelait les bénédictions de Dieu sur les nations chrétiennes, « qui combattent, disait-il, pour l'humanité, pour la justice, pour « la religion, dans les diverses contrées de l'Orient. »

Dans l'allocution du 15 décembre 1860, Pie IX, oubliant ses propres douleurs et tous les attentats dirigés contre lui, a voulu répéter les mêmes exhortations, et témoigner publiquement sa joie de tout ce qui est fait pour la délivrance et le salut de ses enfants les plus éloignés.

En portant nos regards vers ces chrétientés lointaines, nous imiterons donc le Père commun des fidèles; et sans vous trop entretenir de l'ingratitude des hommes envers l'Église — les preuves, hélas! ne me manqueraient pas, — j'aime mieux aller chercher au loin des preuves, non moins irrécusables, de la reconnaissance que l'Europe doit à l'Évangile et à Notre-Seigneur Jésus-Christ.

Je ne vous rappellerai pas des détails que vous connaissez tous. Vous le savez, on avait combattu, on avait traité. Mais la mauvaise foi, comme il était facile de le prévoir, avait tout rendu vain. Il a fallu recommencer. Des forces plus imposantes ont servi d'escorte à nos plénipotentiaires, et quelques milliers de soldats, habilement dirigés, à travers trois cent millions d'hommes, à quatre mille lieues de l'Europe, ont ouvert à nos drapeaux, jusqu'à la capitale même de l'empire chinois, un libre passage. C'est là, c'est à Pékin, dans cette ville, qui n'avait jamais vu la fumée d'un camp européen, que les ratifications ont été échangées et les indemnités consenties. Un pauvre évêque, relégué depuis vingt années dans un obscur village, où la haine des persécuteurs ne l'oubliait pas toujours, a été solennellement rappelé, et les Chinois ont vu leur vainqueur s'incliner devant ce prêtre, objet de leur mépris, et saluer en lui le Chef de la religion véritable; ils ont vu la croix relevée au faîte de l'ancienne cathédrale catholique, bâtie autrefois par nos missionnaires, et restaurée tout à coup par la main de ces soldats de la France, qui ont chanté le *Te Deum*, il y a trente ans, à Alger, il y a dix ans à Rome, il y a six ans à Sébastopol, et hier à Pékin.

Le 25 octobre 1860, le traité de Tien-Tsin a été confirmé, complété, signé ; et nos nationaux jouiront en Chine, aux termes de ce traité, d'une grande liberté de commerce, et d'une liberté plus grande encore de religion.

Je ne prétends point garantir que ces conventions seront plus respectées que celles de 1858, que celles de 1846. Dans une lettre fort sage, en réponse à ces écrivains qui nous reprochent tour à tour de parler ou de nous taire, un évêque a rappelé fort à propos que trop souvent on semble apprécier l'éclat apparent plus que l'effet réel des traités conclus avec les puissances de l'extrême Orient ; et que ces traités, rompus par la mauvaise foi des païens, et mal gardés par notre négligence, ont laissé bien des fois nos missionnaires et nos compatriotes dans une position plus triste et plus périlleuse, lorsque, le drapeau européen s'étant retiré, ils restaient seuls en butte aux représailles d'un ennemi, qui ne manquait pas de se venger cruellement sur eux de son humiliation et de ses défaites.

Je n'examine pas si un solide établissement en Chine n'eût pas été possible et nécessaire. Je ne prétends pas non plus me porter garant des motifs divers qui ont inspiré la politique, surtout la politique anglaise, dans une expédition qui évidemment n'a pas eu la foi seule pour motif et pour objet : de telles appréciations ne conviendraient point ici.

Moins encore voudrai-je justifier tous les actes de ceux qui ont conduit cette lointaine entreprise. Quoi ! Etait-il bien nécessaire, même pour imprimer aux Chinois une juste terreur, de brûler le *palais* de l'empereur de la Chine, de réduire en cendres des monuments, des objets d'art, des vases, des livres, des manuscrits, des collections immenses, uniques, impossibles à renouveler ? Pourquoi mettre le feu à l'histoire, le feu aux souvenirs, le feu aux beaux-arts, le feu à la littérature d'un grand peuple ? Les vandales faisaient de la sorte. Pour moi, je ne me console pas d'une telle barbarie, et je rends mille grâces au général français qui a sauvegardé l'honneur de notre pays, en protestant contre de tels excès. Certes, quel

Français n'eût préféré qu'une compagnie de savants, d'artistes, d'ingénieurs, de lettrés, accompagnât les drapeaux de l'expédition, comme autrefois l'illustre commission d'Égypte, et rapportât dans nos musées et dans nos écoles de nouvelles richesses? Il fallait étudier, décrire, respecter du moins; mais non livrer aux flammes! Je ne m'étonne point, après des fureurs de ce genre, que les Chinois appellent les Européens des barbares, et je crains que cette ruine fumante ne parle longtemps contre nous.

Sans donc rien garantir, sans tout approuver, et m'abstenant sévèrement de toute appréciation politique, pour n'envisager les événements qu'au seul point de vue providentiel, je me sens obligé de remercier ici Dieu de deux choses : des avantages directs que je trouve pour notre foi dans cette mémorable expédition, et, si je puis m'exprimer ainsi, de l'indirecte, mais éclatante leçon, que j'y trouve aussi pour nos défaillances religieuses.

Certes, il le faut reconnaitre : les avantages, pour notre foi, si les traités demeurent respectés, sont considérables : je les exposerai en citant le texte même des articles (1).

— *Traité de Tien-Tsin,* ART. 13 :

« La Religion chrétienne ayant pour objet essentiel de porter les
« hommes à la vertu, les membres de toutes les communions chré-
« tiennes jouiront d'une entière sécurité pour leurs personnes, leurs
« propriétés et le libre exercice de leurs pratiques religieuses, et
« une protection efficace sera donnée aux missionnaires qui se ren-
« dront pacifiquement dans l'intérieur du pays, munis des passeports
« réguliers délivrés par les consuls de France (art. 8), et visés par
« les autorités chinoises.

« Aucune entrave ne sera apportée par les autorités de l'Empire
« *au droit qui est reconnu à tout individu en Chine, d'embrasser, s'il*
« *le veut, le Christianisme,* et d'en suivre les pratiques, sans être
« passible d'aucune peine infligée pour ce fait.

« Tout ce qui a été précédemment écrit, proclamé ou publié en
« Chine, par ordre du gouvernement, contre le culte chrétien, est

______

(1) *Moniteur* des 24 et 25 janvier 1861.

« complètement abrogé, et reste sans valeur dans toutes les provinces
« de la Chine. »

— *Articles séparés,* Art. 1er :

« Le magistrat coupable du meurtre du missionnaire français
« *Auguste Chapedelaine* sera dégradé, et déclaré incapable d'exercer
« désormais aucun emploi.

« Art. 2. — Une communication officielle adressée à S. Exc. le
« Ministre de France en Chine lui annoncera l'exécution de cette
« mesure, qui sera rendue publique, et motivée convenablement dans
« la *Gazette de Pékin.* »

— *Convention additionnelle du 25 octobre 1860,* Art. 6 :

« Conformément à l'édit impérial rendu le 20 mars 1846, les
« établissements religieux et de bienfaisance qui ont été confisqués
« aux chrétiens, pendant les persécutions dont ils ont été les vic-
« times, seront rendus à leurs propriétaires, par l'entremise de
« S. Exc. le Ministre de France en Chine, auquel le gouvernement
« impérial les fera délivrer, avec les cimetières et autres édifices qui
« en dépendent. »

Voilà ce que j'appelle pour la foi les avantages directs de ce
traité. Nous prierons Dieu qu'il soit sincèrement exécuté ; nous
louerons la France, si elle y tient la main ; nous bénirons les martyrs, dont le sang généreux a mérité ces progrès ; nous recom-
manderons à Dieu les vaillants soldats qui ont mêlé leur sang à celui
des martyrs (1) ; nous remercierons les missionnaires respectés, dont
l'intervention a su les obtenir (2), et les plénipotentiaires habiles qui
les ont introduits dans les traités. Mais sachons, N. T.-C. F., nous
élever encore plus haut, et recevons pour nous-mêmes, de tout ce
qui vient de se passer en Chine, une grande et religieuse leçon.

II.

A mesure que l'on pénètre plus avant dans cette contrée mystérieuse, on entre aussi davantage dans la connaissance de ses institu-

(1) Un des premiers est un fils de croisés, M. Albéric de Damas, dont le vénérable
père avait donné déjà deux enfants au service de l'Église.

(2) Mgr Mouly, lazariste, évêque de Pékin ; Mgr Anouilh, son coadjuteur.

tions, de ses mœurs, de ses lois, auxquelles d'admirables travaux ont commencé depuis longtemps à nous initier, et nous initient chaque jour de plus en plus (1).

Une étonnante civilisation se déroule là devant nos yeux.

Laissons les expressions banales d'un dédain superficiel ; oublions les plaisanteries, qui n'apprennent rien, ou les exagérations qui dénaturent tout. Nous avons, là, devant nous, dans cet antique et immense empire, un des plus grands ouvrages de la main des hommes, sur une des terres les mieux douées par la main de Dieu.

Cette terre a tous les climats, et par suite tous les produits. Elle a le blé comme l'Europe, le riz comme l'Inde, le sucre comme les Antilles, le coton comme l'Amérique ; le thé, le tabac, la soie ; des forêts et des mines, des houillères et des carrières ; le cèdre de l'Asie et le chêne de l'Europe, le faisan de l'Inde et le mouton du Nord ; des espèces d'oiseaux, de quadrupèdes et de poissons qui nous sont inconnues ; de vastes et nombreux cours d'eaux : en un mot, tout ce que l'incomparable libéralité du Père de la nature peut semer sous les pas de l'homme, pour orner sa demeure, alimenter sa vie, encourager son travail, augmenter son bien-être, ravir son admiration, exalter sa reconnaissance.

Le peuple qui habite cette terre voit sa population croître plus rapidement que la nôtre. Il est ingénieux, actif, commerçant, colonisateur même, et pourtant patriote. Il quitte par milliers le sol qui l'a vu naître, se rend en Californie, aux Philippines, à Cuba, en Australie, mais avec l'espoir de revenir : ses os seront rapportés à sa patrie, s'il a le chagrin de mourir loin d'elle. Ce peuple a presque tout inventé avant nous : la boussole et la poudre à canon, l'imprimerie, et jusqu'au *macadam*. Il a des arts, une littérature, des monuments, des livres, des savants. La seule description des musées de la ville de Pékin occupe quarante volumes. Ce peuple a une armée, une marine, une administration, des tribunaux, des lois. Il a une vie publique et une vie domestique. Il a une philosophie, une morale, une religion ; et dans les livres respectés de ses antiques écrivains, on lit

(1) La France possède peut-être le plus savant sinologue qui existe, M. Stanislas Julien ; et les *Mémoires* de nos missionnaires anciens et actuels sont la plus sincère et la plus complète révélation de ce curieux empire.

des maximes d'une profondeur singulière, comme celle-ci sur la modestie : *Soyez semblables à l'Océan, qui se tient au-dessous de tous les fleuves, mais les recueille tous.* — Fiers de tout ce que nous possédons, nous sommes cependant, si nous comparons, forcés de nous dire : La Chine a aussi, elle-même, beaucoup de ces choses qui sont pour nous le sujet d'un légitime orgueil ; et elle les a depuis plus longtemps que nous. Elle possède des corps savants comme l'Europe, des services administratifs comme l'Europe, des musées comme l'Europe, des progrès matériels comme l'Europe.

Qu'est-ce donc qui manque à ces hommes, et qu'avons-nous à leur porter? — Rien, ce semble; et pourtant, ouvrons bien les yeux; interrogeons, non plus les chiffres de la douane ou les produits du sol; mais, élevant nos pensées plus haut que la partie matérielle de la civilisation, cherchons les caractères auxquels on reconnaît la vraie grandeur, la vraie noblesse, et le rang véritable des nations.

En Chine, que fait-on des femmes, des enfants et des pauvres ? La faiblesse, l'innocence et le malheur, qu'en fait-on? Les femmes? on les méprise ; les enfants? on les expose; les pauvres? on les délaisse. — Qu'est le pouvoir, dans ce pays? Une Idole oppressive, devant laquelle rampent misérablement des peuples d'esclaves. — Et la base de tous les rapports sociaux, la parole jurée, qu'est-elle, là? Un jeu dérisoire. — La justice? Une tyrannie corrompue.

Nous rencontrons du reste, dans l'histoire, d'autres peuples fameux, qui ont présenté la plus grande partie des mêmes contrastes, et souffert des maux semblables. Ces illustres Romains, à qui, selon l'expression de Bossuet, Dieu donna pour récompense l'empire du monde comme un présent de vil prix, que faisaient-ils des femmes, des enfants, des esclaves, de la pureté, des mœurs? Comment les Carthaginois traitaient-ils la parole donnée et la sainteté des serments? Quelle humanité restait-il à Sparte? Quelle justice était rendue, et comment le pouvoir était-il exercé dans tout l'Orient?...

Mais d'où vient que des peuples si divers, à des distances, à des époques si éloignées, se ressemblent à ce point, par les mêmes vices, les mêmes lacunes morales, les mêmes crimes?

Et nous, nous, peuples européens, comment avons-nous été améliorés? et, si imparfaits que nous soyons encore, qui donc nous a élevés si haut?

Que manque-t-il aux peuples de l'Orient, pour nous égaler? que manque-t-il à la Chine, que nous ayons, et que nous puissions aujourd'hui lui porter?

Il manque à la Chine ce qui manquait à Rome, à Athènes, à Sparte, à Carthage : il lui manque le Christianisme.

Et nous, qu'avons-nous à recevoir, à notre tour, de la Chine, en ce moment? Chose étrange et pourtant très-vraie! c'est une grande leçon de christianisme que la Chine nous envoie!

III.

Oui! gloire en soit rendue à Dieu! une magnifique preuve se prépare en ce moment pour la foi : preuve ancienne, mais nouvelle pour nos regards distraits, et qui relève et rajeunit nos plus vieux arguments. Cette preuve, elle est aujourd'hui, là, sous nos yeux; et c'est le spectacle plus rapproché des nations, que la foi n'a point touchées encore, qui la remet en lumière.

Dans l'Occident, ingrats et aveugles que nous sommes, nous jouissons des bienfaits de la foi comme on jouit de la santé, en supposant qu'elle nous est naturelle. C'est qu'en effet nous naissons, nous grandissons, nous respirons dans cette lumière et dans cet air vivifiant de la foi.

Oui, la lumière du jour évangélique nous environne, nous éclaire, nous pénètre invinciblement de toutes parts; elle est à notre insu dans nos institutions et dans nos lois, dans nos mœurs et dans nos habitudes les plus familières, dans notre droit public et privé, dans nos livres les plus graves, dans nos poésies les plus frivoles; et, même quand nous affectons le plus de la méconnaître, siècle ingrat que nous sommes, c'est d'elle encore, de ses bienfaits que nous vivons (1).

(1) J.-J. Rousseau le disait avec raison : « Je ne sais pourquoi l'on veut attribuer « au progrès de la philosophie la belle morale de nos livres.... cette morale était « chrétienne avant d'être philosophique : tout cela était dans l'Évangile avant d'être « dans nos livres. »

Telle est la puissance mystérieuse, la force irrésistible de l'Évangile. A l'encontre des doctrines et des systèmes philosophiques, qui, quelle que soit la bonne volonté et le zèle des philosophes, ne sont que pour un petit nombre, la lumière évangélique, bon gré, mal gré, se popularise toujours : elle inonde les sociétés chrétiennes, comme la clarté du soleil inonde la terre. C'est par elle aujourd'hui, que le plus jeune enfant chrétien, le plus pauvre villageois catholique, la plus humble femme peut donner sur le champ aux questions morales les plus importantes et les plus difficiles des solutions nettes et précises.

C'est par elle aujourd'hui que les vérités les plus sublimes sont devenues si communes et si vulgaires, que tous, peuple et philosophes, en conservent comme malgré eux d'invincibles souvenirs, et une impression qui influe sur les mœurs, au milieu même des ténèbres et de l'ignorance des uns, et malgré la superbe incrédulité des autres.

C'est par elle que ces vérités, malgré les efforts de la sophistique contemporaine, qui travaille en vain à les dissoudre, sont entrées pour jamais dans le domaine de la vraie science et de la vraie philosophie ; c'est par elle enfin, par l'élévation et l'élan qu'elle donne aux intelligences, que nos sociétés modernes ont réalisé, dans l'ordre civil et politique, comme dans l'ordre moral, des progrès dont l'injustice et l'ingratitude peuvent seules méconnaître l'origine et le principe.

Je le demande, si ces progrès ne sont pas dus au Christianisme, comment se fait-il qu'on les trouve partout, identiquement, à des nuances près, chez tous les peuples qui sont chrétiens, et nulle part chez les peuples qui ne le sont pas? Par quel hasard, ou par quelle force cela se fait-il?

Non : nous nous vantons de nos lumières, nous proclamons avec orgueil nos découvertes et nos progrès ; mais si la foi évangélique, si la science sacrée nous manquait tout à coup, et nous enlevait tous ses rayons dispersés dans l'atmosphère qui nous environne, nous serions effrayés de nos ténèbres ; et bientôt les plus fameuses découvertes dont nous nous glorifions ne serviraient, les unes, comme le disait énergiquement Fénelon, qu'à créer de nouvelles morts pour nous entre-déchirer et nous entre-tuer plus promptement ; et les autres qu'à nous corrompre, et à nous plonger dans une barbarie nouvelle, la barbarie savante, qui serait, sans contredit, la pire de toutes.

La vérité est que l'Évangile nous a gratifiés de dons si nécessaires, et qui nous pénètrent si intimement, que nous ne les sentons plus : ils sont devenus notre seconde nature. Famille, dignité, pureté des mœurs, réciprocité des droits et des devoirs au foyer domestique, respect de la vie, charité pour tout ce qui est faible et souffrant, honnêteté dans les transactions, égalité raisonnable, liberté, garantie de la propriété, absence d'arbitraire, travail honoré, justice universelle, il semble que toutes ces choses, parmi nous, vont d'elles-mêmes. Eh bien ! non : ces choses sont si peu l'œuvre de l'homme, que la moitié de l'humanité en est absolument dépourvue. Regardez le monde !

Sous la loi de Mahomet, la polygamie, l'infanticide, l'avortement, la vénalité, la rapine, le pillage, l'esclavage, le meurtre, les massacres en masse : voilà les fléaux qui se déchaînent dans la Turquie-d'Europe, la Turquie-d'Asie, l'Égypte, Tunis, le Maroc. Plus bas, dans la malheureuse Afrique, le fétichisme, l'homicide, des mœurs abominables, le plus honteux abrutissement. Sous Boudha, les parias, la prostitution forcée, l'oppression, l'engourdissement, la mort. Les péchés que l'Église, dans sa profonde analyse des misères humaines, appelle *capitaux* et *mortels*, règnent là, partout, insolemment : l'*orgueil*, au Thibet, jusqu'à se faire adorer ; l'*avarice*, dans toute l'Afrique, jusqu'au vol et au brigandage organisés ; la *paresse*, dans l'Inde ou dans la Guinée, jusqu'à mourir de faim sur des terres sans culture ; la *luxure*, dans toute l'Asie, jusqu'à posséder cent femmes dont on vend et prostitue les enfants ; l'*envie*, jusqu'à passer sa vie à se piller et à se voler, de chef à chef, de tribu à tribu ; le *mensonge*, en Chine et dans tout l'Orient, jusqu'à tromper et duper ouvertement dans les traités, et les promesses les plus solennelles ; la *gourmandise*, jusqu'à pourrir ou brûler, en Chine ou en Turquie, dans le vin, l'eau-de-vie, l'opium ; la *colère*, chez le roi de Daohmey, comme à Djeddah, comme au Liban, jusqu'à bâtonner, rouer, brûler, décapiter, scier, écorcher....

O Jésus, ô mon Dieu ! ô Marie ! ô saints du Christianisme ! ô saint Jean, saint Joseph, saint François de Sales, sainte Thérèse,

saint Vincent de Paul! O pureté, ô charité, ô Évangile, ô Église
de Jésus-Christ, on tombe à vos genoux, on baise vos mains, qui
nous ont arraché des abîmes de cet enfer terrestre!

.Charlemagne, saint Louis, Suger! Vous-mêmes, malgré vos fai-
blesses et vos erreurs, Henri IV, Louis XIV, Lhôpital, Sully, Turgot,
William Pitt, Robert Peel! Grands rois, grands législateurs, grands
ministres de tout l'Occident, nous vous saluons, vous qui avez fondé
la justice, et mis à ses ordres une force régulière! Nous vous saluons, grands hommes, grands écrivains, grands magistrats, vous
qui, sans avoir eu tous le bonheur et l'honneur de pratiquer coura-
geusement tout le Christianisme, avez néanmoins, sous les inspi-
rations de l'Évangile, dont les lumières vous pénétraient de tous
côtés, fondé la liberté, l'égalité, la sécurité européenne.

Ah! sans doute, le mal, chez les hommes, fut et sera toujours
mêlé au bien : il y a dans tous les pays et dans tous les siècles des
heures mauvaises, où du bas-fond des passions et des cupidités
humaines surgissent tout à coup des soulèvements détestables contre
les plus grandes lois et les plus saintes choses de l'humanité! Mais,
grâces immortelles en soient rendues à l'Évangile, il y a aussi chez
nous, parmi ces éternelles luttes du mal contre le bien, des bar-
rières invincibles, qu'il n'est donné à aucune puissance humaine
de renverser ou de briser; des principes immortels, contre lesquels
tout ce qui se fait est nul de soi, et qu'il n'est permis à aucune
tromperie d'abolir. Et, à l'heure qu'il est, par exemple, la conscience européenne décide infailliblement quel est le camp héroïque,
où combat encore l'honneur royal et la fidélité populaire; le Siége
suprême, où, dans la hauteur d'une sérénité inaltérable, le droit
attend la justice promise; et de quel côté enfin sont l'iniquité, la tra-
hison, le mensonge, et la violation flagrante de tous les droits.

Mais laissons là le triste spectacle des douleurs contemporaines,
et de ces hontes passagères! et ne regardons, par une vue prise
de haut, que le fond général des sociétés chrétiennes.

O divin Évangile, soleil qui avez desséché tant d'immondes maré-
cages, et fait lever tant et de si précieux germes sur notre terre,
nous ne vous bénissons pas assez chez nous, et, ajoutons-le, nous
n'accomplissons pas, comme il conviendrait, le devoir de vous pro-

pager au dehors ! S'il faut patiemment tolérer Mahomet ou Boudha, il semble que nous craignions de les mépriser hautement ; en Afrique et ailleurs, c'est à peine si nous osons porter, proclamer, servir ouvertement notre foi. Fausse et homicide faiblesse ! lâcheté envers nous-mêmes ! ingratitude envers Dieu ! Au nom d'intérêts matériels étroitement compris, fatal abandon des plus nobles intérêts de l'humanité !

IV.

Sachons donc le répéter, et que cette conviction devienne pour nous le meilleur des trésors rapportés de ces expéditions lointaines :

L'Orient n'est pas fatalement inférieur à l'Occident. La supériorité de l'Occident sur l'Orient, c'est le Christianisme. Voilà donc ce qu'il faut conserver chez nous, si nous ne voulons pas déchoir ; voilà ce que nous devons, par delà les mers, porter chez nos frères, si nous voulons sincèrement leur tendre une main généreuse, et les relever jusqu'à nous.

Car, encore une fois, rien ne manque à ces peuples ingénieux, industrieux, habitants des plus belles et des plus riches contrées du globe, pourvus autant que nous, et, sous certains rapports, plus que nous, des avantages de la civilisation matérielle ; mais cette civilisation chez eux est frappée au cœur par tous les vices monstrueux qui la rongent, et dont l'Évangile nous a préservées, nous, nations chrétiennes. Et, sans vouloir exalter ici notre vanité, il faut bien le dire, voilà pourquoi notre supériorité sur ces peuples est telle, qu'ils ne peuvent se soutenir un moment devant nous ; et que nous voyons ces spectacles prodigieux, qui étonneront l'avenir, une poignée d'Européens dispersant des armées innombrables, entrant vainqueurs dans une capitale immense, et dictant des lois à un empire de trois cent millions d'hommes.

Oui ! soyons fiers, nous en avons le droit, de cette supériorité glorieuse de nos mœurs et de nos armes ; mais sachons quelle en est la source : reconnaissons ici l'ascendant du génie chrétien, et comprenons aussi les obligations que nous créent de tels bienfaits.

Le premier et le plus vulgaire devoir que la reconnaissance nous impose envers le Christianisme, c'est, N. T.-C. F., de confesser ce que nous lui devons, et de savoir apprécier, comme ils méritent de l'être, toutes ses grandeurs.

Disons-le donc et avec sincérité, et du fond de nos âmes : Non, ô Dieu de l'Évangile, nous ne vous renierons jamais ; vous aurez toujours notre foi et notre amour ! O sainte Église catholique, berceau des nations chrétiennes, mère de la civilisation moderne, nous tenons à vous par le fond de nos entrailles ! Grands hommes du christianisme, grands Évêques des anciens âges, qui avez baptisé nos pères barbares, et fait la nation française, nous vous bénissons ! Ou plutôt, c'est l'Évangile, dont les lumières vous ont fait ce que vous fûtes ; c'est la sainte Église de Jésus-Christ, gardienne de ces clartés sur la terre, que nous bénissons en vous ! Nous bénissons cette foi chrétienne, flambeau du monde occidental, où elle a son foyer, et qui lui doit son éclatante supériorité sur les peuples non chrétiens : nous-bénissons le Verbe de Dieu fait homme, Celui qui a dit, et toute l'histoire a confirmé ces immortelles paroles : *Je suis la voie, la vérité, et la vie*: nous bénissons le Christ illuminateur et sauveur des hommes, sans lequel l'humanité reste plongée dans ces abaissements et ces ténèbres, dont l'Orient nous offre encore en ce moment, après tant de siècles, l'effrayant spectacle !

Le second devoir, N. T.-C. F., que nous imposent les bienfaits dont nous sommes redevables au Christianisme, c'est de propager l'Évangile ; c'est de mettre au service de cette vérité divine, à qui nous devons tant, l'immense prépondérance que nous tenons d'elle ; c'est de faire des efforts dignes d'un grand peuple pour arracher tant de populations malheureuses à ces ténèbres où elles périssent.

Ne songer qu'à tirer profit pour nous-mêmes, pour nos intérêts matériels, de ces prodigieuses expéditions, ne serait digne ni de notre caractère national, ni de notre générosité religieuse. Sur tout cela, nous avons été peut-être jusqu'à ce jour trop indifférents ou trop confiants. Mais les temps sont meilleurs, Le triomphe de nos intrépides soldats vient d'ouvrir des voies larges à l'Évangile : puisse une politique ferme et vigilante maintenir les glorieux fruits de leur victoire ! Aussi bien, je suis heureux de le dire, la politique et tous les intérêts français sont ici d'accord avec l'humanité et la religion.

Allez donc, commerçants, portez à la Chine vos vins, vos denrées, vos étoffes; je souhaite ardemment un immense et fructueux developpement de vos mutuels échanges. Mais tout cela n'est enfin que secondaire, et ce n'est pas manifestement ce qui importe le plus à ces peuples. Ils ont aussi ces choses chez eux, ou d'autres semblables. Ce qu'ils n'ont pas, ce que nous possédons et qu'ils ne possèdent pas, l'*Unum necessarium*, le trésor qui se donne et ne se vend pas, c'est la foi évangélique. Voilà le trésor que l'Église seule a, la première, songé à leur porter, bien avant que les marchands et les politiques pensassent à eux. Depuis des siècles, nos missionnaires abordent, vivent, prêchent, souffrent et meurent là où le commerce n'avait pas pénétré. Sans eux, la Chine connaîtrait à peine notre nom, et nous saurions à peine le sien. Les flottes qui approchent de ces contrées inhospitalières trouvent sur la rive nos courageux missionnaires. Le Saint-Esprit les y avait envoyés à l'avance. Ils y ont appris pour nous la langue du pays. Le Dieu de la Pentecôte continue chaque jour à l'Église, dans le zèle apostolique, le don des langues, et quand nous arrivons, ils sont là pour nous servir d'interprètes, et devant les ambassadeurs des nations on voit marcher les apôtres de l'Évangile (1).

N'oublions donc jamais, pour n'être pas trop ingrats, que la foi précéda le commerce, et que longtemps elle représenta seule la France dans ces régions lointaines; et applaudissons au sentiment religieux, à la grande inspiration des vaillants chefs de notre expédition récente, lesquels, lorsqu'ils ont voulu laisser dans la capitale de l'Empire chinois la trace du passage de la France, n'ont pas cru pouvoir le faire d'une manière plus significative et plus française, qu'en relevant, au sommet de la cathédrale de Pékin, la Croix, la Croix glorieuse que la France autrefois y avait plantée.

Ah! si le globe terrestre avait un point culminant, si le sommet de la plus haute montagne était accessible à nos pas, visible à nos yeux, il faudrait y porter et y planter la croix, afin que de partout on pût la voir, et que les peuples encore plongés dans les ténèbres de la mort eussent devant eux un signe d'espérance et de salut : oui, la croix, la croix du Calvaire, la croix de Constantin, la croix de Saint-

____

(1) En Chine, M. Deluc, si cruellement mis à mort; au Japon, M. Prudence Girard.

Pierre de Rome, la croix de Sainte-Geneviève de Paris, la croix que Colomb arbora sur les rives du nouveau monde, la croix que nos soldats viennent de relever au centre du plus gigantesque empire de l'Asie!... Que ce glorieux symbole prêche du moins ce peuple immense, et lui apparaisse comme un gage de lumière, de sérénité et de paix! — Mais laissons-nous, à notre tour, instruire par la Chine, et qu'elle nous donne ses tristes, mais utiles leçons! Oui! que les vices de ce malheureux pays nous servent d'enseignement: à ses misères, jugeons quelles seraient les nôtres, sans la foi.

Les nations européennes sont vraiment trop oublieuses! Mais qu'elles daignent donc y penser un moment!

Qu'était l'Angleterre avant saint Grégoire, saint Augustin et saint Patrick; l'Allemagne avant saint Boniface; la France, avant saint Denis, saint Martin et saint Rémy, et que seraient encore ces puissantes nations sans le Christianisme?

Les peuples aujourd'hui les plus illustres seraient peut-être encore des barbares, sans l'Église; ou bien ils seraient, les progrès de la raison les auraient peut-être menés à être, après bien des siècles, ce qu'est la Chine. Oui, nous serions, plus ou moins, des Chinois, si nous n'étions pas des chrétiens. Car enfin, la Chine! voilà un des exemplaires les moins imparfaits et les plus fameux des sociétés faites de main d'homme. Si l'on n'est pas touché par l'histoire des nations qui ont vécu autrefois sans le Christ, qu'on le soit du moins par le spectacle présent des nations qui vivent aujourd'hui en dehors de la foi du Christ!

On s'en va répétant que le Christianisme est usé: oui, comme le soleil, quand la nuit tombe. On allume alors je ne sais combien de petites lumières pour le remplacer : pâles clartés qui laissent dans l'ombre avant tout ceux qui les portent, et répandent leurs fumeuses lueurs sur les rues privilégiées de quelques grandes villes, tandis que l'immense étendue, au sein des campagnes, et la grande majorité du genre humain sur la surface presque entière du globe, n'a pour flambeaux que les astres de la nuit. Grand Dieu! que deviendrait le monde s'il n'avait plus la lumière du jour; et que deviendrait-il aussi, s'il n'avait plus que des systèmes à la place du Christianisme? Ceux qui repoussent la religion du passé ont-ils une autre religion de l'avenir? Qu'ils la portent donc à l'Afrique, à l'Asie, qu'ils la portent à la Chine! ou plutôt qu'ils aillent dans ces lointains pays se convaincre, par d'irrécusables contrastes, que notre religion sainte est la vérité de Dieu, la source de toute vertu, le berceau de tout progrès. Non : hors du Christianisme, point de salut; hors du Christianisme, point de progrès pour les sociétés humaines. Aimer l'Église, c'est, dit-on, reculer de six siècles : la repousser, c'est reculer de vingt, et retomber honteusement où en était le paganisme, où en est la Chine.

Pour toute vengeance, je ne souhaiterais aux ennemis de l'Église que d'habiter, avec leurs femmes et leurs enfants, hors de la protection de nos consuls et de nos armes, quelques-uns des pays où le Christ n'est pas adoré. Mais non, j'ai horreur d'un tel vœu! Du moins, qu'ils les visitent, ces tristes contrées; et peut-être, après ce voyage salutaire, plus d'un incrédule sentira-t-il trembler sa main avant de la lever contre l'Église.

Mais nous surtout, nous, catholiques, à mesure qu'une preuve nouvelle nous révèle mieux sa dignité, n'aimerons-nous pas encore mieux notre mère? Que notre amour est ingrat, étroit, égoïste! Nous voulons de la foi tout ce qu'il faut pour nous sauver; mais songeons-nous à sauver la foi? Que faisons-nous pour elle? Qui donne aux missions lointaines? Qui donne aux apôtres de son diocèse? Qui donne aux pauvres de sa paroisse? Si vous donnez, que donnez-vous? Une obole, le superflu de votre superflu. Qui sait se priver, qui ose résister, qui veut parler, écrire, agir pour la foi?

Ah! M. F., le zèle pour la foi, la reconnaissance envers la foi, l'amour pour l'Église, que ce soit notre résolution, notre progrès en ce Carême!

Mais que dis-je? Ici, N. T.-C. F., une pensée plus douloureuse me saisit à la vue de tout ce qui se passe, à l'heure qu'il est, dans notre vieille et triste Europe. Lamentable contraste! inexplicable contradiction! Tandis que des nations chrétiennes vont glorieusement aux extrémités de la terre, et se font les apôtres armés de la civilisation et de l'Évangile, d'autres nations chrétiennes, en Occident, attaquent le Christianisme dans son centre même, et la civilisation dans son berceau. Tandis qu'on stipule pour la libre propagation du Christianisme en Chine, on insulte, on abreuve d'outrages, on dépouille le Chef du Christianisme en Europe. On relève la croix à Pékin, et on l'ébranle à Rome. On recueille, on sème les fruits de l'arbre évangélique, et on porte la hache sur le tronc qui les produit; on protège la religion de Jésus-Christ au loin, et on convoite sous nos yeux, honteusement, la motte de terre, où est providentiellement posée depuis dix-huit siècles la pierre fondamentale de l'édifice divin!

Voilà le spectacle que nous avons sous les yeux en ce moment.

Ce n'est pas que les consciences catholiques n'aient fait entendre d'éclatantes protestations, et que d'un bout de l'Europe à l'autre tous les cœurs honnêtes n'aient réprouvé ces attentats. Mais qui ne comprend, malgré ces protestations, combien l'influence des peuples chrétiens est affaiblie au loin par les excès odieux que les uns consomment en Europe et que tous permettent, et à quel point notre mission civilisatrice est abaissée par le triomphe des passions révolutionnaires et impies, qui menacent impunément le Siége suprême du catholicisme?

Ah! qu'une telle contradiction et un tel scandale cessent donc enfin! Que la France du moins, cette fille aînée de l'Église, demeure dans les voies de la Providence; et puisque Dieu lui fait l'insigne honneur de la choisir encore une fois pour ouvrir des routes nouvelles à l'Évangile, qu'elle se montre digne de cette glorieuse élection!

Qui que nous soyons donc, N. T.-C. F., tenons-nous fermement attachés à la Croix, à la foi, et au centre de la foi. Ne souffrons pas qu'on éteigne en Occident le flambeau qui seul peut éclairer l'Orient. Demandons aux princes et aux peuples de ne pas laisser insulter en Europe ce que nos soldats victorieux viennent de faire respecter en Chine. Mais, quoi qu'il arrive, quoi que fassent les hommes et que veuille souffrir la divine Providence, ne craignons pas plus qu'il ne faut. La crise douloureuse que l'Église traverse en ce moment lui profitera comme tant d'autres. Si l'on oublie les anciennes apologies, il se prépare chez nous et au loin de nouvelles démonstrations. Quand la géologie a pénétré les entrailles de la terre, elle a rapporté de ces profondeurs les preuves de la Genèse. A mesure que nous irons plus près des extrémités du monde, partout où nous rencontrerons la trace d'un peuple et ses lois, le cœur d'un homme et ses misères, il jaillira de chacun de ces regards jetés sur un nouvel objet, un rayon de la vérité et de la divinité du Christianisme. Et de même, n'en doutons pas, des périls et des épreuves de l'heure présente, il sortira pour l'Église de Jésus-Christ une glorification inattendue. Notre-Seigneur Jésus-Christ a dit à l'Église : *Je serai avec vous jusqu'à la consommation des siècles.* Il n'a pas dit : les princes seront avec vous, les armées et les peuples seront avec vous, la puissance, le génie, seront avec vous; mais : *Je serai avec vous.* Seul il est nécessaire, et seul il suffit. Ne craignons donc pas, à moins que nous ne méritions d'avoir à craindre si nous sommes coupables, indolents, ingrats. Ne craignons pas l'abandon, ne craignons que le châtiment. Craignons pour nous, non pour l'Église. Cet arbre divin, on l'a vu dans tous les temps croître et se fortifier sous les coups redoublés et impuissants de la hache. Du fer même qui le frappe il reçoit une vigueur nouvelle et une indomptable vitalité : *Ab ipso ducit opes animumque ferro.* C'est de l'Église, plongée un instant dans l'abîme, qu'on peut dire : *Merses profundo, pulchrior evenit;* elle reparaît bientôt plus brillante et plus belle. « Non, comme le disait le grand Évêque de Meaux, Rome « n'est pas épuisée dans sa vieillesse, » ou plutôt sa jeunesse est éternelle et toujours féconde; elle s'épure au feu même des persécutions; elle se retrempe dans le malheur (1).

Et voyez, déjà les souffrances de son Pontife ont rallié autour de

---

(1) Le passage de Bossuet est si beau que je ne puis me défendre de le citer tout entier : « Quelle Église a enfanté tant d'autres églises? D'abord tout l'Occident est « venu par elle, et nous sommes venus des premiers, vous le verrez bientôt. Mais « Rome n'est pas épuisée dans sa vieillesse, et sa voix n'est pas éteinte; nuit et jour « elle ne cesse de crier aux peuples les plus éloignés, afin de les appeler au banquet « où tout est fait un : et voilà qu'à cette voix maternelle les extrémités de l'Orient « s'ébranlent, et semblent vouloir enfanter une nouvelle chrétienté, pour réparer les « ravages des dernières hérésies ; c'est le destin de l'Église. *Movebo candelabrum* « *tuum :* « Je remuerai votre chandelier, dit Jésus-Christ à l'église d'Éphèse (1); je « vous ôterai la foi; je le remuerai : s'il n'éteint pas la lumière, il la transporte, « elle passe à des climats plus heureux. Malheur, malheur encore une fois à qui la « perd; mais la lumière va son train, et le soleil achève sa course. »

(1) Apoc., 11, 5.

lui, plus fidèles et plus dévoués que jamais, tous ses vrais enfants. Ces cœurs, qui semblaient sommeiller, se réveillent, et dans le monde entier a éclaté comme une explosion de foi et d'amour catholique ; et voici que maintenant ce Pontife, qui bientôt peut-être n'aura plus d'asile, voit au loin des routes nouvelles s'ouvrir pour ceux qu'il envoie, et la Providence divine prépare aux extrémités les plus reculées de l'Orient une dilatation merveilleuse de son pacifique empire.

Si donc, N. T.-C. F., nous devons gémir sur l'aveuglement et la méchanceté des hommes, nous devons attendre aussi avec une ferme espérance le secours de Dieu ; et aujourd'hui, comme toujours, l'Église peut chanter le cantique de son pèlerinage sur la terre : « Oui, « s'écrie-t-elle, ils m'ont attaqué de la sorte dès les jours de ma jeu- « nesse, *sœpè expugnaverunt me à juventute meâ* ; mais ils n'ont rien « pu contre moi ; *etenim non potuerunt mihi !* En tout temps, ils ont « tramé de profonds complots, et conduit de loin des menées habiles « et sacriléges : *supra dorsum meum fabricaverunt ; prolongaverunt* « *iniquitatem suam* ; mais toujours la main de Dieu les a confondus ; « et honteusement ramenés en arrière, ils se sont desséches comme « l'herbe, au souffle du Seigneur : *sicut fœnum, quod priùsquàm* « *evellatur, exaruit* (1). »

Prions, N. T.-C. F., prions. Nos prières peuvent hâter le jour et l'heure de la Providence ; et, en attendant, que notre amour et notre dévoûment pour l'Église et pour son Chef suprême grandissent à l'égal de leurs épreuves et de leur délaissement ! En ces jours de péril et de douleur, que ce cri si souvent répété du plus éloquent de nos Évêques sorte encore une fois de tous nos cœurs (2) : « O sainte « Église romaine, mère et maîtresse de toutes les Églises, nous tien- « drons toujours à toi du fond de nos entrailles. Si je t'oublie, Église « romaine, puissé-je m'oublier moi-même ! Que ma langue se sèche « et demeure immobile dans ma bouche, si tu n'es pas toujours la « première dans mon souvenir, si je ne te mets pas au commence- « ment de tous mes cantiques de réjouissance : *Adhœreat lingua*

(1) *Psal.* 128.
(2) Discours de Bossuet sur l'*Unité de l'Église.*

« *mea faucibus meis, si non meminero tui, si non proposuero Jerusa-*
« *lem in principio lœtitiæ meæ* (1). »

A ces causes, après en avoir conféré avec nos vénérables frères les Doyen, Chanoines et Chapitre de notre Église cathédrale, nous avons ordonné et ordonnons ce qui suit :

Relativement au saint Temps du Carême.

1° Les Fidèles se conformeront, pendant le saint temps du Carême, aux lois du jeûne et de l'abstinence, à moins d'en être légitimement dispensés.

2° Nous les exhortons à se rapprocher de la ferveur des premiers chrétiens par leur assiduité aux offices divins et aux instructions du Carême, et par la pratique de l'aumône et des bonnes œuvres. Ils doivent sentir le besoin de cette juste compensation, à mesure qu'ils s'éloignent de ces vrais et anciens modèles, en usant de la condescendance que l'Église montre sous le rapport de l'abstinence, à cause du malheur des temps.

3° Nous conjurons bien particulièrement tous nos chers diocésains de se préparer sérieusement à l'accomplissement du devoir pascal.

Du reste, déjà, dans les villes comme dans les campagnes, dans la plupart de nos paroisses, nous avons la consolation de savoir que beaucoup de chrétiens sincères, que le malheur des temps avait éloignés de la religion, se sont rapprochés de Dieu; et sans plus se laisser arrêter par l'indifférence et le respect humain, sont venus chercher à la Table sainte, dans la sainte Eucharistie, la consolation et la force dont leur âme a besoin, au milieu des périls du salut et des peines inévitables de la vie présente. Que le ciel en soit béni ! et que ceux qui hésitaient encore se préparent à répondre enfin aux invitations de la bonté de Dieu, au zèle de leurs pasteurs, et aux vœux de leur conscience pour la Pâque prochaine.

4° Nous permettons, comme il a été permis les années précédentes, l'usage des aliments gras les dimanches à tous les repas, et les lundi, mardi et jeudi de chaque semaine, seulement au repas principal, à partir du jeudi après les Cendres jusqu'au jeudi de la semaine de la Passion inclusivement.

5° Les Fidèles qui ne sont pas obligés à la loi du jeûne, soit à raison de leur âge, soit à raison de leurs infirmités ou de leurs travaux, sont, comme les années précédentes, autorisés à faire usage d'aliments gras à tous leurs repas, les dimanche, lundi, mardi et jeudi de chaque semaine, à partir du jeudi après les Cendres jusqu'au jeudi de la semaine de la Passion inclusivement.

6° Nous permettons l'usage du lait et du beurre à la collation, pendant le Carême, le mercredi des Cendres et le Vendredi Saint exceptés. Cette permission s'étendra à tous les autres jours de jeûne dans le courant de l'année.

(1) *Ps.* 136.

2*

7° Nous permettons l'usage des œufs jusqu'au mercredi de la Semaine Sainte inclusivement.

8° Toutes les personnes qui useront de la dispense du maigre ou de la faculté de prendre du lait et du beurre à la collation, sont tenues de faire une aumône *proportionnée à leurs facultés*, uniquement et exclusivement applicable aux besoins de nos Séminaires. Elles pourront satisfaire à cette obligation en remettant leur offrande à MM. les Curés de chaque Paroisse.

9° Le R. P. HERMANN, cette année, prêchera la Station du Carême et la Retraite de la Semaine Sainte, dans la Cathédrale.

Le *dimanche*, le Sermon aura lieu à quatre heures, immédiatement après les Vêpres.

Les *mardis* et les *jeudis*, à partir du premier mardi de Carême, le Sermon aura lieu le soir, à sept heures et demie précises.

Les prédications du mardi et du jeudi seront précédées du chant solennel du *Miserere* et du Cantique *Esprit saint, descendez en nous ;* et suivies du chant de l'*Inviolata* et du Psaume *Laudate Dominum.*

Tous les *samedis* de Carême, à dater de la première semaine, je me propose de faire une Instruction spéciale pour les dames, membres de l'*Association des Mères chrétiennes*, dans l'église de Saint-Euverte, à neuf heures précises du matin.

L'exercice commencera à huit heures et demie par la sainte Messe.

Je recommande très-instamment ces saints exercices aux prières des fidèles, et plus particulièrement à celles de mes vénérables Coopérateurs et aux Communautés religieuses.

10° La quête habituelle pour nos Séminaires sera faite le saint jour de Pâques, par MM. les Curés, dans toutes les Églises et Chapelles de notre diocèse, à toutes les Messes et à tous les Offices.

Relativement à la sainte Pâque.

1° Conformément aux prescriptions du Rituel, le décret du Concile de Latran sera lu dans les Églises du diocèse les deux dimanches qui précèdent l'ouverture de la Pâque, c'est-à-dire les troisième et quatrième dimanches de Carême.

2° La sainte Pâque ouvrira le dimanche de la Passion, et sera close le deuxième dimanche après Pâques. Néanmoins, pour les paroisses qui doivent avoir la Confirmation ou la Retraite paroissiale avant Pâques, l'ouverture de la Pâque aura lieu le dimanche qui précédera la Confirmation ou la clôture de la Retraite paroissiale ; et, pour celles qui ne doivent avoir la Confirmation ou la Retraite paroissiale qu'après Pâques, jusqu'au 31 mai, la clôture de la Pâque aura lieu le jour même de la Confirmation, ou le jour de la clôture de la Retraite paroissiale, qui aurait lieu à l'occasion de la Confirmation, si cette Retraite se prolonge encore quelques jours après.

3° Voulant, autant qu'il est en nous, faciliter l'accomplissement du devoir pascal, et déférant au vœu qui nous a éte exprimé par le Clergé de notre diocèse, dans la dernière réunion pour la discussion du *cas de conscience,* nous demandons à MM. les Curés d'accorder publiquement à tous les Fidèles de leurs Paroisses la permission de se confesser, même à Pâques, à tout Prêtre approuvé pour la confession, soit dans le diocèse, soit hors du diocèse ; et dans le cas où un pénitent n'aurait pas reçu cette permission, nous déclarons y suppléer, et l'accorder nous-même (1) ; et nous autorisons aussi tous les prêtres approuvés dans le diocèse à désigner *prudemment, et pour des motifs graves,* l'Église où leurs Pénitents pourront faire leur Communion pascale.

Relativement à la Visite générale.

1° Nous continuerons cette année, s'il plaît à Dieu, la Visite générale de notre diocèse. Afin d'attirer sur cette Visite des bénédictions plus abondantes, le dimanche de la Passion, on chantera, avant la messe de paroisse, dans toutes les Églises paroissiales et de Communauté, l'hymne *Veni, creator Spiritus,* avec le verset et l'oraison, et les strophes *Monstra te esse matrem* et suivantes de l'hymne *Ave, maris stella,* avec le verset et l'oraison qui y correspondent.

Le soir du même jour, après les Vêpres, il y aura aussi, dans toutes les Églises désignées ci-dessus, un Salut solennel, où l'on chantera le psaume 22 *Dominus regit me.* — Nous ne saurions trop demander au Clergé et aux Fidèles de prier pour nous, au moment où nous allons accomplir ce devoir, le plus important peut-être et le plus grave de la charge et de l'autorité épiscopales.

2° Pendant les trois dimanches qui précéderont immédiatement la Visite de chacune des Églises paroissiales, ou des Communautés ou Maisons religieuses de notre diocèse, on fera les mêmes prières, le matin et le soir, dans chacune de ces Églises ou Chapelles ; seulement, le soir, au Salut, après le psaume *Dominus regit me,* on chantera les antiennes du saint Sacrement et de la sainte Vierge, prescrites pour *les différents temps de l'année.*

3° MM. les Curés, après avoir annoncé le jour de notre Visite au prône de leur Messe paroissiale, donneront à ce sujet, à leurs Paroissiens, les instructions

---

(1) *Fideles liberè se possunt confiteri cuicumque confessario approbato. Ità communiter ; id que fusè probat Benedict. XIV, et hoc etiam tempore Paschali, et invito Parocho.*

Illud enim quod dicitur quod fideles debeant confiteri semel in anno proprio sacerdoti intelligendum (ut ait Glossa et Fagn.) omni sacerdoti qui ab ordinario est approbatus, et hoc sallem ex præsenti universali consuetudine hodiè certum est, quidquid antiqui-aliter dixerint (S. Liguori, *de Pœnit,* lib. vi, num. 564).

Cette coutume, que saint Liguori constate ici, Mgr Bouvier (*de Pœnit,* c. iii, art., q. 6), dit qu'elle est établie, aujourd'hui, dans plusieurs diocèses de France, et que dans quelques-uns les évêques ont même fait dans ce sens des statuts formels.

convenables. Ils leur recommanderont de considérer le jour de notre arrivée parmi eux comme un jour de fête, qu'ils doivent célébrer avec une sainte joie (1). Ils les exhorteront à se rendre dignes d'approcher, ce jour-là, de la table sainte, et ils renouvelleront plusieurs fois ces avis aux approches de la Visite.

4° Ils recommanderont aux marguilliers de mettre en état les titres, registres et autres papiers de la Fabrique; de dresser deux états, l'un desdits titres et papiers, l'autre des objets mobiliers de la Sacristie; et d'arrêter d'avance leurs comptes de recette et de dépense (2), pour nous les soumettre, ainsi arrêtés, et régulièrement signés par tous les membres du Conseil et du Bureau.

Ils feront la même recommandation aux Proviseurs des Confréries du Saint-Rosaire, de la Charité ou de toutes autres, établies dans la paroisse.

Ils tiendront eux-mêmes, en état de nous être présentés, les registres de Baptêmes, premières Communions, Confirmations, Mariages et Sépultures, ainsi que le catalogue ou tableau des Messes ou autres Offices de fondation, et des jours où on doit les acquitter, comme aussi le tableau des Saluts du saint Sacrement.

5° Ils s'occuperont de bonne heure à répondre par écrit aux questions qui leur seront envoyées, et suppléeront à celles qui seraient omises, de manière que nous puissions connaître exactement l'état de leur paroisse. *Ces réponses devront nous parvenir, huit jours au moins, avant le jour de notre Visite.*

6° La veille de la Visite, le Curé de la Paroisse aura soin que l'Église soit nettoyée et ornée. Il fera sonner toutes les cloches le soir et le lendemain matin, comme il se pratique dans les grandes solennités.

7° Il ne manquera pas de lire d'avance, dans le Rituel et dans nos circulaires des 25 mars et 27 juin 1857, l'ordre à observer pour les Visites épiscopales, afin de s'y conformer et de faire toutes choses avec la plus parfaite convenance.

8° Il avertira les maîtres et les maîtresses d'école de nous amener, à l'Église, les enfants qu'ils sont chargés d'instruire, pour qu'ils soient, au besoin, interrogés sur le Catéchisme.

9° Dès le matin du jour de la Visite, il disposera tous les objets de la Sacristie qui doivent être visités : les saintes reliques avec leur authentique, s'il y en a ; les Vases sacrés, les boîtes des saintes Huiles, les Fonds baptismaux, les ornements, linges d'autel, livres et autres meubles appartenant à l'Église ; de manière que l'examen puisse en être fait sans difficulté. *Les pierres d'autel, en particulier, doivent être disposées de telle sorte qu'on puisse, à l'aide d'un cordon plat qui déborde des deux côtés, les soulever aisément.*

10° Il nous présentera, et les autres Ecclésiastiques de la Paroisse nous pré-

____

(1) *Vias etiam per quas eundum erit, mundari, ac floribus vel frondibus conspergi in signum lætitiæ curent.* (Cærem. Epist. lib. I, cap. 2.)

(2) Le Trésorier sera tenu de présenter son compte annuel, au bureau des Marguilliers, dans la séance du premier dimanche du mois de mars. (Décret du 30 décembre 1809, art. 85.)

senteront également leurs Lettres d'ordre, d'institution canonique ou d'approbation.

11° Encore que nous devions nous rendre nous-même successivement dans chaque Paroisse pour la visiter, nous désignons, conformément aux règles ecclésiastiques, pour nos coadjuteurs dans cette Visite, nos Vicaires généraux et l'un de nos Secrétaires, auxquels nos très-chers Coopérateurs s'empresseront de fournir, comme à nous-même, les renseignements qui leur seront demandés par chacun d'eux.

12° Les Curés déposeront aussi dans la pièce que nous devons occuper pendant notre visite au Presbytère : 1° la collection de nos mandements et de ceux de nos vénérables Prédécesseurs, disposés par ordre de date et reliés ; 2° la collection des registres des actes de baptême, etc., aussi par ordre d'années ; 3° le registre de chacune des Confréries érigées dans la Paroisse ; 4° les inventaires et les récolements successifs du mobilier de l'Église et de la Sacristie ; 5° toutes les autres pièces qui peuvent intéresser la Paroisse, comme anciens registres, anciens comptes de Fabrique, vieux cartulaires, etc.

13° Il est convenable d'orner les fonts baptismaux, et d'y allumer au moins deux cierges pour le moment où nous les visitons. Les cierges des autels collatéraux doivent également être allumés pendant que nous les visitons.

14° Les tableaux de l'Église seront découverts, même pendant le Carême, afin que nous puissions les visiter. Les clés seront placées à la serrure des tabernacles, des confessionnaux, des Fonts baptismaux, afin de ne donner lieu à aucun retard.

15° MM. les Curés feront nettoyer avec soin le piédestal de la croix de station du cimetière et arracher les herbes. Ils feront dégager les avenues de cette croix et couper les ronces ou les épines qui peuvent en rendre les approches difficiles, ou empêcher de circuler aisément tout autour.

16° MM. les Curés nous feront connaître les faits de grande édification qui se seraient passés dans leur paroisse depuis notre précédente Visite.

17° Conformément aux art. 21, 22 et 23 de l'ordonnance du 2 juillet 1843, MM. les Doyens feront cette année, comme les années précédentes, la Visite de toutes les Églises de leurs doyennés.

Le procès-verbal de la Visite de chaque Doyenné sera dressé sur les lieux, et MM. les Doyens devront l'envoyer à MM. les Archidiacres avant le 25 juin.

Lorsque la Visite prescrite dans l'article précédent sera terminée, MM. les Archidiacres visiteront les chefs-lieux de doyenné, ainsi que les autres Paroisses où leur présence sera jugée utile.

Et sera notre présent mandement lu au prône de toutes les Églises et Chapelles de notre diocèse, le dimanche qui suivra sa réception.

Enfin, pour remercier le Seigneur du succès qu'il a donné à nos armes, appeler ses bénédictions sur les travaux apostoliques de nos missionnaires, et recommander à sa miséricorde nos soldats morts en combattant si vaillamment, tous les Prêtres de notre diocèse diront à la sainte Messe :

1° Le Ier dimanche de Carême et les deux jours suivants, l'oraison *Pro gratiis agendis* (*Missel*, Page LVIII) ;

2° Le IIe dimanche de Carême et les deux jours suivants, l'oraison *Pro conversione peccatorum* (*Missel*, page LXIX) ;

3° Le IIIe dimanche de Carême et les deux jours suivants, l'oraison *Pro defunctis* (*Missel*, page LXXIII).

Donné à Orléans, en notre palais épiscopal, sous notre seing, notre sceau et le contre-seing du Secrétaire général de notre Évêché, le 2 février 1861.

† FÉLIX, Evêque d'Orléans.
Par Mandement de Monseigneur :
RABOTIN, Chan., Sec. gén.

AVIS IMPORTANTS RELATIFS A LA CONFIRMATION.

1° Nous croyons devoir recommander à l'attention la plus particulière de MM. les Curés quelques articles des réglements sur la Confirmation :

Et d'abord, en ce qui regarde le PLACEMENT des confirmands, les pages 392, 393, 394 et 395 de ces réglements ;

En ce qui regarde la CÉRÉMONIE même de la Confirmation, à la page 466, les articles 5, 6 et 7 ; — à la page 467, les articles 13 et 14 ; — à la page 469, les articles 23 et 24.

L'observation parfaitement exacte de ces articles est tout à fait nécessaire. Tout y a été prévu, et l'expérience démontre qu'on ne peut les négliger ou s'en écarter sans de très-graves inconvénients.

2° Il importe extrêmement aussi que, *dès l'ouverture* des catéchismes préparatoires à la première Communion et à la Confirmation, les enfants et les fidèles aient tous entre les mains le *Manuel de la première Communion, de la Confirmation et des grandes époques de la vie.*

3° Pour les RETRAITES PAROISSIALES, le petit recueil *de Cantiques* (qui se vend 10 cent. chez BLANCHARD, à Orléans) est absolument nécessaire.

Le choix des cantiques a été fait avec le plus grand soin, et le prix de ce recueil permet qu'il soit mis entre les mains de tous les fidèles.

ŒUVRE DES ORNEMENTS & LOTERIE DIOCÉSAINE.

Je dois, Messieurs, vous entretenir de nouveau de l'OEuvre des Ornements, instituée en faveur des églises pauvres du diocèse. — En vous rappelant l'incontestable utilité de cette OEuvre, en vous révélant tout le bien qu'elle a déjà fait, tout le bien qu'elle peut faire encore, je procurerai une consolation réelle à ceux d'entre vous, et ils sont nombreux, qui, l'ayant bien comprise, m'ont constamment aidé de leur dévoué concours ; et je ranimerai, je l'espère du moins, le zèle un peu ralenti ou trop facilement découragé de ceux qui la négligent, sans doute parce qu'ils n'en comprennent pas assez la nécessité, ou parce qu'ils en ignorent les heureux résultats.

1º Plusieurs fois, Messieurs, je vous avais exprimé toutes les préoccupations, je dirai plus, toutes les douleurs de mon âme au sujet de tant d'églises, dont la pauvreté et les ruines déconsidèrent la religion et avilissent notre ministère, en ôtant au culte divin toute sa dignité, précisément à une époque où il importe tant de raviver la foi et la piété des populations par la tenue décente des saints autels, par la pompe des cérémonies sacrées, par l'aspect religieux de nos sanctuaires.

La beauté de la maison de Dieu contribue trop à la gloire du Seigneur et au salut des peuples, pour qu'il me fût possible de ne pas élever la voix, à la vue de l'abaissement auquel la plupart de nos églises de campagne avaient été réduites par le malheur des temps. — Il fallait à tout prix faire cesser un tel état de choses, et rendre à la religion humiliée dans ses temples quelque chose de son antique splendeur. — C'est dans ce but, Messieurs, que j'ai cru devoir d'abord faire appel à la pieuse générosité des grandes villes, et là j'ai pu recueillir d'assez abondantes aumônes.

Toutefois, il était nécessaire que les campagnes contribuassent aussi à cette œuvre : je me suis donc déterminé à établir une Loterie, dont les billets fussent d'un prix accessible à toutes les fortunes, de telle sorte que de petites sommes, en se multipliant, finissent par nous procurer des ressources considérables. — Cette institution a donné à l'OEuvre des Ornements une vie nouvelle et une situation vraiment prospère, que je tiens à vous faire connaître, pour votre consolation et votre encouragement.

2º Fondée en 1845, l'OEuvre avait pu disposer, dans l'espace de huit ans, d'une somme de 27,012 fr., pour procurer aux paroisses les plus nécessiteuses des ornements, des vases sacrés, du linge. — Ces ressources n'avaient pas suffi aux besoins. C'est alors que j'instituai régulièrement la *Loterie diocésaine*. En 1853, elle produisit exceptionnellement *19,703 fr.*, somme qui éleva les recettes de l'OEuvre, depuis son origine, à 46,715 fr., et nous permit de faire à cette époque une grande distribution aux églises pauvres.

Depuis, considérant tout ce qu'il nous restait encore à faire pour tirer nos paroisses de leur dénûment, j'ai dû rendre la *Loterie diocésaine* périodique, afin de pouvoir faire chaque année une distribution régulière de secours, à une époque déterminée.

Par suite de ce nouvel ordre de choses, nous répartissons dans les quatre archidiaconés les ressources recueillies chaque année, d'après un tableau des demandes, par MM. les archidiacres, et qui nous éclaire parfaitement sur les besoins des églises.

Cette distribution annuelle s'est faite sur les bases suivantes : — en 1858, pour une somme de 10,092 fr.; — en 1859, pour une somme de 7,035 fr.; — en 1860, pour une somme de 6,940 fr. — En réunissant ces sommes aux recettes précédentes, nous avons un total de 60,690 fr.

Vous voyez, Messieurs, que la divine Providence nous est venue en aide. Mais n'est-ce pas pour nous un devoir de répondre à sa bénédiction, en continuant avec cœur l'*œuvre de Dieu ?* — Du reste, nous avons trouvé pour notre OEuvre des auxiliaires de grande bonne volonté. Une association de dames se réunit à Orléans chaque semaine, et ces dames travaillent elles-mêmes à la confection des ornements et des linges sacrés, avec une intelligence, une assiduité et un dévoûment au-dessus de tout éloge. Leur travail et leurs dons en nature nous permettent de distribuer, avec une somme égale, un bien plus grand nombre d'objets que par le passé. C'est un devoir pour moi de recommander ces zélées bienfaitrices à votre reconnaissance et à vos prières.

3° Maintenant, Messieurs, permettez-moi une dernière observation.

Il est évident que sans la Loterie diocésaine, l'Œuvre des Églises pauvres ne saurait subsister ; et puisque cette Œuvre profite à toutes les paroisses, à bien peu d'exceptions près, toutes les paroisses doivent s'y intéresser.

Je comprends que, dans certaines localités, pour placer les billets, il faut faire bien des démarches et insister beaucoup : toutes les œuvres qui vivent d'aumônes en sont là. La nôtre, Messieurs, par l'élévation de son but, nous autorise à oser beaucoup.

Eh bien ! je le dis sans reproches, mais avec tristesse, quelques-uns de Messieurs les Curés semblent plus qu'indifférents à une Œuvre, que nous n'avons établie que pour eux et pour leurs paroisses. Il en est qui nous renvoient tous les billets qu'on leur adresse, et cela souvent sans nous écrire le moindre mot. Assurément, nous ne demandons pas d'eux l'impossible ; mais nous aimerions à savoir d'eux-mêmes les efforts qu'ils ont tentés pour répondre à nos espérances. Le témoignage de leur bonne volonté nous consolerait de leur insuccès. Que dis-je ? Les billets sont renvoyés quelquefois au bout d'un an, et longtemps après le tirage de la Loterie. Est-ce convenable ? Je vous en fais juges, Messieurs.

Si plusieurs de Messieurs les Curés sont trop timides pour solliciter leurs paroissiens, devraient-ils avoir vis-à-vis de nous une discrétion telle, qu'ils ne nous parlent jamais des besoins de leurs églises ? J'ai été, je dois le dire, Messieurs, surpris et affligé en voyant le nombre de paroisses *très-dénuées*, qui ne recevront rien cette année, par la seule raison que MM. leurs Curés n'ont rien demandé. Cependant, je ne veux pas leur faire l'injure de supposer qu'ils sont indifférents à la misère et au dénûment de la maison de Dieu.

D'autres, au contraire, et je suis très loin de leur en faire un reproche, nous demandent trop pour que nous puissions leur accorder tout ce qu'ils sollicitent. Qu'ils veulent bien ne pas perdre de vue la modicité relative de nos ressources ; mais qu'ils ne se découragent pas, qu'ils demandent toujours, et je ne tarderai pas, je l'espère, à satisfaire leurs vœux.

Seulement il importe, Messieurs, d'établir un certain ordre dans vos demandes, en désignant : 1° les objets *très-nécessaires* ; 2° les objets *simplement utiles*. — Les demandes doivent aussi être renouvelées *chaque année* et nous être adressées, au plus tard, à l'époque de la retraite. Passé la retraite, toutes les demandes *anciennes* seront regardées comme non avenues.

Je termine, Messieurs, en vous priant d'accueillir avec votre bienveillance accoutumée ces avis, que je vous adresse dans le seul but d'exciter de plus en plus votre zèle pour la prospérité d'une œuvre à laquelle est attaché, en grande partie, le renouvellement de nos pauvres églises, et par suite celui de la religion dans notre diocèse.

Veuillez agréer tous mes plus affectueux sentiments en Notre-Seigneur.

† FÉLIX, *Évêque d'Orléans*.

réunit à Orléans chaque semaine, et ces dames travaillent elles-mêmes à la confection des ornements et des linges sacrés, avec une intelligence, une assiduité et un dévoûment au-dessus de tout éloge. Leur travail et leurs dons en nature nous permettent de distribuer, avec une somme égale, un bien plus grand nombre d'objets que par le passé. C'est un devoir pour moi de recommander ces zélées bienfaitrices à votre reconnaissance et à vos prières.

3° Maintenant, Messieurs, permettez-moi une dernière observation.

Il est évident que sans la Loterie diocésaine, l'OEuvre des Églises pauvres ne saurait subsister ; et puisque cette OEuvre profite à toutes les paroisses, à bien peu d'exceptions près, toutes les paroisses doivent s'y intéresser.

Je comprends que, dans certaines localités, pour placer les billets, il faut faire bien des démarches et insister beaucoup : toutes les œuvres qui vivent d'aumônes en sont là. La nôtre, Messieurs, par l'élévation de son but, nous autorise à oser beaucoup.

Eh bien ! je le dis sans reproches, mais avec tristesse, quelques-uns de Messieurs les Curés semblent plus qu'indifférents à une OEuvre, que nous n'avons établie que pour eux et pour leurs paroisses. Il en est qui nous renvoient tous les billets qu'on leur adresse, et cela souvent sans nous écrire le moindre mot. Assurément, nous ne demandons pas d'eux l'impossible ; mais nous aimerions à savoir d'eux-mêmes les efforts qu'ils ont tentés pour répondre à nos espérances. Le témoignage de leur bonne volonté nous consolerait de leur insuccès. Que dis-je ? Les billets sont renvoyés quelquefois au bout d'un an, et longtemps après le tirage de la Loterie. Est-ce convenable ? Je vous en fais juges, Messieurs.

Si plusieurs de Messieurs les Curés sont trop timides pour solliciter leurs paroissiens, devraient-ils avoir vis-à-vis de nous une discrétion telle, qu'ils ne nous parlent jamais des besoins de leurs églises ? J'ai été, je dois le dire, Messieurs, surpris et affligé en voyant le nombre de paroisses *très-dénuées*, qui ne recevront rien cette année, par la seule raison que MM. leurs Curés n'ont rien demandé. Cependant, je ne veux pas leur faire l'injure de supposer qu'ils sont indifférents à la misère et au dénûment de la maison de Dieu.

D'autres, au contraire, et je suis très loin de leur en faire un reproche, nous demandent trop pour que nous puissions leur accorder tout ce qu'ils sollicitent. Qu'ils veulent bien ne pas perdre de vue la modicité relative de nos ressources ; mais qu'ils ne se découragent pas, qu'ils demandent toujours, et je ne tarderai pas, je l'espère, à satisfaire leurs vœux.

Seulement il importe, Messieurs, d'établir un certain ordre dans vos demandes, en désignant : 1° les objets très-nécessaires ; 2° les objets simplement utiles. — Les demandes doivent aussi être renouvelées *chaque année* et nous être adressées, au plus tard, à l'époque de la retraite. Passé la retraite, toutes les demandes *anciennes* seront regardées comme non avenues.

Je termine, Messieurs, en vous priant d'accueillir avec votre bienveillance accoutumée ces avis, que je vous adresse dans le seul but d'exciter de plus en plus votre zèle pour la prospérité d'une œuvre à laquelle est attaché, en grande partie, le renouvellement de nos pauvres églises, et par suite celui de la religion dans notre diocèse.

Veuillez agréer tous mes plus affectueux sentiments en Notre-Seigneur.

† FÉLIX, *Évêque d'Orléans.*